CURSO DE ESPAÑOL PARA EXTRANJEROS

ENLACE1

Comunicación panhispánica al alcance del mundo

LIBRO DE EJERCICIOS

**LILIANA ROJAS VALBUENA
PILAR ANDREA SIERRA MORENO**

UNIVERSIDAD EXTERNADO DE COLOMBIA
CENTRO DE ESPAÑOL PARA EXTRANJEROS (CEPEX)

Rojas Valvuena, Liliana

   Enlace 1 : comunicación panhispánica al alcance del mundo : libro de ejercicios / Liliana Rojas Valvuena, Pilar Andrea Sierra Moreno ; ilustraciones Freddy Mauricio Vargas Salamanca ; fotos Liliana Rojas, Pilar Sierra. -- Bogotá : Universidad Externado de Colombia, 2015.

   84 páginas : ilustraciones, fotos ; 24 cm.

ISBN: 9789587724356

1. Español – Enseñanza 2. Adquisición De Segundo Lenguaje 3. Español - Libros de Texto para Extranjeros I. Sierra Moreno, Pilar Andrea **II.** Vargas Salamanca, Freddy Mauricio, ilustrador **III.** Rojas, Liliana, fotógrafa **IV.** Sierra, Pilar, fotógrafo **V.** Universidad Externado de Colombia. **VI.** Título.

407   SCDD 20

Catalogación en la fuente -- Universidad Externado de Colombia. Biblioteca - EAP

ISBN 978-958-772-435-6

© 2015, LILIANA ROJAS VALBUENA Y PILAR ANDREA SIERRA MORENO
© 2015, UNIVERSIDAD EXTERNADO DE COLOMBIA
Calle 12 n.º 1-17 Este, Bogotá
Teléfono (57-1) 342 0288
publicaciones@uexternado.edu.co
www.uexternado.edu.co

Coordinación editorial: Liliana Rojas Valbuena
Ilustraciones: Freddy Mauricio Vargas Salamanca
Créditos de fotos: Liliana Rojas, Pilar Sierra

Primera edición: diciembre de 2015

Diseño de cubierta: Departamento de Publicaciones
Composición: Marco Robayo
Impresión y encuadernación: Digiprint Editores S.A.S.
Tiraje de 1 a 1.000 ejemplares

Impreso en Colombia
Printed in Colombia

Prohibida la reproducción impresa o electrónica total o parcial de esta obra, sin autorización expresa y por escrito del Departamento de Publicaciones de la Universidad Externado de Colombia. Las opiniones expresadas en esta obra son responsabilidad de las autoras.

CONTENIDO

UNIDAD 1	LA CLASE	7
UNIDAD 2	¿QUIÉN ES USTED?	11
UNIDAD 3	Y TÚ ¿QUÉ HACES?	17
UNIDAD 4	¡SOMOS UN MONTÓN!	21
UNIDAD 5	¿CÓMO SOMOS?	27
UNIDAD 6	LAS TRES COMIDAS	31
UNIDAD 7	ALGUNOS METROS MÁS CERCA DE LAS ESTRELLAS	35
UNIDAD 8	NECESITO APARTAMENTO	39
UNIDAD 9	¿CÓMO ESTÁS?	43
UNIDAD 10	AL QUE MADRUGA DIOS LE AYUDA	47
UNIDAD 11	ENTRE GUSTOS, NO HAY DISGUSTOS	53
UNIDAD 12	¿ALÓ?	59
UNIDAD 13	MIS PLANES	65
UNIDAD 14	¿QUÉ PASÓ…?	69

UNIDAD 1

LA CLASE

1. Haga un diálogo con las palabras del cuadro

me / Encantada / cómo/ mucho gusto / llamo / se / usted / Javier / Y / Buenos días /
Gabriela / yo / llama

- _____ .

_____ ¿_____?

- _____ _____ .

- _____ .

2. Relacione las dos columnas

1. Yo   ___ nos llamamos.

2. Él   ___ te llamas.

3. Nosotros   ___ me llamo.

4. Ustedes   ___ se llaman.

5. Tú   ___ se llama.

8 | Unidad **1** • Enlace 1

3. Escriba los nombres deletreados.

1. ce, a, ere, ele, o, ese _____

2. jota, u, a, ene _____

3. ele, i, ese, a _____

4. hache, o, ere, te, e, ene, ese, i, a _____

5. te, e, ere, e, ese, a _____

6. i, ese, a, be, e, ele _____

4. Escriba el nombre de las letras.

1. x _____   2. w _____

3. j _____   4. p _____

5. ñ _____   6. q _____

5. Escriba según corresponda: "buenos días", "buenas tardes", "buenas noches".

| 19:45 | 7:00 | 16:18 |

_____   _____   _____

6. Escriba dos palabras que empiecen por:

1. Ch _____,   ch _____

2. N _____,   n _____

3. K _____,   k _____

4. J _____,   _____

5. G _____,   _____

7. Escriba en palabras los números:

Ejemplo: 5 <u>*cinco*</u>

1. 9 _____
2. 16 _____
3. 18 _____
4. 11 _____
5. 7 _____

8. Ponga el diálogo en orden.

__3__ A. *¿Y tu apellido?*

_____ A. *¿Cómo se escribe?*

_____ B. *López, Sofía López.*

_____ B. *Mi apellido es Rojas, Juana Rojas.*

_____ A. *Ele-o-pe-e-zeta.*

_____ B. *Hola. Soy Sofía.*

_____ A. *Buenas tardes. Yo soy Juana. Y tú, ¿cómo te llamas?*

_____ B. *Encantada Juana.*

9. Relacione la fotografía con la palabra correspondiente.

observar / leer / escuchar / hablar / escribir / saludar

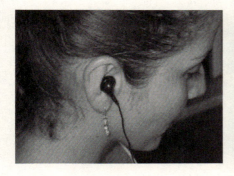

_____

_____

_____

_____

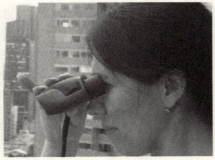

_____

_____

10. SOPA DE LETRAS. Busque nombres de 8 países

Z	S	F	E	A	L	U	P	D	Q
C	O	L	O	M	B	I	A	D	A
H	S	P	C	J	O	A	N	E	L
Ñ	P	E	F	H	L	S	A	J	E
E	C	R	V	N	I	I	M	P	U
G	O	U	D	A	V	L	A	Ñ	Z
H	G	Ñ	B	I	I	F	E	R	E
J	H	U	L	A	A	K	D	B	N
O	R	O	E	O	I	Y	I	K	E
A	B	P	A	J	D	D	F	E	V

11. Complete las frases con la información correcta

1. La capital de Argentina es _____

2. Las dos islas al norte de Colombia se llaman _____ y _____

3. El continente que está al sur de España es _____

4. Colombia tiene dos océanos el _____ y el _____

5. Paramaribo es la capital de _____

6. Tres islas en el caribe que no hablan español: _____, _____ ,

   _____ entre otras.

UNIDAD 2

¿QUIÉN ES USTED?

1. Estas personas están presentando a alguien. Complete lo que cada uno de ellos dice.

★ ¡Hola! _____ _____ José Pérez

★ _____ _____ _____
Adriana Pérez

★ _____ _____ Marina y él   ★ _____ _____ estudiante de español

_____ _____ Juan Manuel.   y _____ _____ estudiante de español portugués.

12 | Unidad **2** • Enlace 1

2. Relacione el cuadro de nombres famosos con el cuadro de pronombres personales y las formas del verbo ser:

Malcom X y Mahatma Gandhi –Madona - Gabriel García Márquez – Sofía Vergara y Shakira– Diego Rivera y Frida Kahlo – Pablo Picasso

---

Ellas son – Ellos son – Ella es – Él es -   Él es - Ellos son

---

1. _____
2. _____
3. _____
4. _____
5. _____
6. _____

3. Complete la lista como el modelo. Tenga en cuenta el pronombre personal.

Soy de Japón	*soy japonés*	*soy japonesa*
1. Eres de Etiopía	*Eres etiope*	*Eres etiope*
2. Nosotros somos de Holanda		
3. Es de Brasil		
4. Es de Italia		
5. Son de Haití		
6. Soy de Estados Unidos		*Soy estadounidense*
7. Es de Irlanda		
8. Somos de Canadá		
9. Son de España		
10. Soy de Dinamarca		*Soy danesa*
11. Es de Colombia		

12. Eres de Venezuela		
13. Es de Cuba		
14. Son de Argentina		
15. Es de Paraguay		
16. Somos de Perú		
17. Soy de México		
18. Eres de Francia	*Eres francés*	

4. Construya las preguntas correspondientes para cada dato:

1 _____ Francés y español

2 _____ Susana Córdoba

3 _____ Soy de Argentina

4 _____ 52 33 12 55 16 38

5 _____ Rodríguez

6 _____ Juan Pablo

7 _____ Colombiano

8 _____ Yo hablo 2, portugués e inglés

9 _____ en Perú

5. Ordene las oraciones interrogativas y dé la respuesta.

1. ¿es/ español /profesor /Quién /tu / de?

_____

_____

2. ¿Beatles/ dónde/ los /De /son?

_____

_____

3. ¿grupo / cantante / llama/ el/ del / Café Tacuba/ se /Cómo?

_____

_____

4. ¿Canadá / idiomas / en / hablan / Qué?

_____

_____

5. ¿tienen / amigos / tus /Cuántos / mejores / años?

_____

_____

6. ¿tu / es / apellido / primer/ primer / nombre / tu /Cuál / y?

_____

_____

6. Indique la persona que corresponde:

1	-Estamos	Nosotros	8	-Observas	_____
2	-Lees	_____	9	-Observamos	_____
3	-Hablan	_____	10	-Leen	_____
4	-Escucho	_____	11	-Escuchan	_____
5	-Escribimos	_____	12	-Está	_____
6	-Conversas	_____	13	-Leo	_____
7	-Habla	_____	14	-Es	_____

7. Escriba cinco oraciones con los verbos del ejercicio anterior:

1 _____

2 _____

3 _____

4 _____

5 _____

¿Quién es usted? • Unidad **2** | 15

8. **Su profesor le leerá las siguientes palabras. Marque la sílaba tónica, luego divida en sílabas y ubíquela en la tabla.**

Siga el modelo:
Conversar conver<u>sar</u>   con – ver- sar
~~conversar~~, peligro, útil, cruzar, manzana, canción,carnaval, avenida, José, pared, regla, ángel, platos, Colombia.

	Sílaba tónica		
	Antepenúltima sílaba	**Penúltima sílaba**	**Última sílaba**
	con	ver	sar

Las palabras en español se clasifican según la posición de la sílaba tónica.

a) Las palabras agudas son aquellas cuya última sílaba es tónica: reLOJ, aVIÓN, iGLÚ.

b) Las palabras llanas o graves son aquellas cuya penúltima sílaba es tónica: LÁpiz, BLANco, carTEra.

c) Las palabras esdrújulas son aquellas cuya antepenúltima sílaba es tónica: PÁjaro, esDRÚjulo, SÁbado.

Tomado del Diccionario Panhispánico de Dudas- RAE

UNIDAD 3

Y TÚ ¿QUÉ HACES?

1. ¿A qué se dedican las personas de las fotografías?

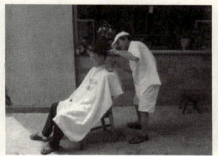

_____ _____ _____

_____ _____

18 | Unidad **3** • Enlace 1

2. Escriba quién trabaja en los siguientes lugares

1. En un hospital: *enfermera, doctor, cirujano*

2. En un teatro: _____

3. En un supermercado: _____

4. En una escuela: _____

5. En un avión: _____

6. En una oficina: _____

3. Complete el diálogo con las preguntas.

A: ¿_____?   B: Ana Marín.

A: ¿_____?   B: Apellido.

A: ¿_____?   B: Soy actriz.

A: ¿_____?   B: En la televisión.

B: ¿_____?   A: Perdón, Jules Pages. Mucho gusto.

4. Construya frases posibles con elementos de las tres columnas.

Eres		inglés y español
Trabaja		ruso
Se llaman	en	Argentina
Vivo	de	periodista
Habla	φ	una escuela
Estudia		Juan y Lina

Y tú ¿Qué haces? • Unidad 3

5. Conjugue los verbos.

1.Hablar

Yo *hablo*

Usted _____

Nosotros _____

2.Trabajar

Ella _____

Tú _____

Ustedes _____

3.Tomar

Juan _____

Nosotros _____

Usted _____

4.Comer

Yo _____

Nosotros _____

Él _____

5.Escribir

Usted _____

Ustedes _____

Ella _____

6. Responda a las preguntas con su información personal.

1. ¿Quién eres?   _____

2. ¿Cuál es tu número de teléfono?   _____

3. ¿Dónde vives?   _____

4. ¿De dónde eres?   _____

5. ¿A qué te dedicas?   _____

7. ¿Qué hora es?

1. 7:30   *Son las* _____

2. 8: 00 _____

3. 9: 30 _____

4. 14:15 _____

5. 18:25 _____

6. 12:12 _____

7. 22:05 _____

8. 13: 45 _____

9. 10:55 _____

8. Complete con la información de su país.

– En mi país los almacenes abren a las _____ Los empleados de los almacenes comen a las _____ y regresan a las _____.

Terminan la jornada a las _____

– Los niños estudian de _____ a _____

– En la noche, en general, la gente come a las _____

–Los domingos yo desayuno a las _____ y durante la semana a las

_____.

9. Escriba un texto sobre la rutina de Lina

Lunes	7 a.m. Desayuno	8 ~ 10 a.m. Academia de español	12 ~ 4 p.m. Compañía
Martes	6 a.m. Clase yoga	8 ~ 1 p.m. / 2 ~ 5 p.m. Compañía	7 p.m. Comida
Miércoles	7 a.m. Desayuno	8 ~ 3 p.m. Visitar clientes	5 ~ 7 p.m. Golf
Jueves	6 a.m. Clase yoga	8 ~ 10 a.m. Academia de español	12 ~ 4 p.m. Compañía
Viernes	7 a.m. Desayuno	8 ~ 1 p.m. / 2 ~ 5 p.m. Compañía	7 p.m. Comida
Sábado	7 a.m. Desayuno	8 ~ 1 p.m. / 2 ~ 5 p.m. Compañía	

Lina desayuna a las siete de la mañana el lunes, miércoles, viernes y el sábado. Los martes,…

_____

_____

_____

_____

UNIDAD 4

¡SOMOS UN MONTÓN!

1. Complete el siguiente crucigrama:

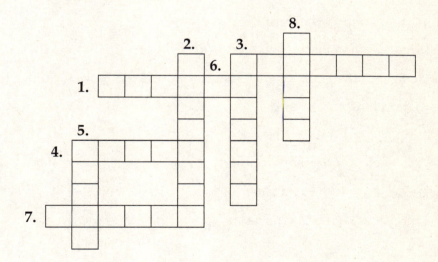

Verticales

2. Las hijas de mi madre son mis…
3. El hijo de la esposa de mi cuñado es mi…
5. La esposa de mi hermano es la… de mi mamá
8. El esposo de mi hija es mi…

Horizontales

1. El padre de mi padre es mi…
4. La hija de mi hija es mi…
6. Los padres de mi esposa son mis…
7. Los hijos de mis tíos son mis…

2. Ponga el artículo determinado en singular y luego el artículo y el sustantivo en plural.

1. *El* abogado / *los abogados*
2. ____ yerno / _____
3. ____ país / _____
4. ____ agua / _____
5. ____ nuera / _____
6. ____ ciudad / _____
7. ____ apellido / _____
8. ____ mano / _____
9. ____ águila / _____
10. ____ problema / _____
11. ____ dirección / _____
12. ____ torre / _____
13. ____ lápiz / _____
14. ____ día / _____
15. ____ noche / _____

3. Ponga el artículo determinado *el, la, los, las* o ø si no es necesario

1. _____ hermana de mi esposo se llama Sandra.
2. A _____ siete y media de la noche es la reunión.
3. Algunos días de la semana trabajo, por ejemplo hoy es _____ domingo y trabajo.
4. _____ francés es una lengua romance.
5. Hoy en la noche _____ luna está hermosa.
6. Todos _____ jueves juego póker con mis amigas.
7. Dormir es necesario para _____ niños
8. ____ señor Domínguez llega a la compañía _____ próximo jueves.
9. ¿Hoy es _____ miércoles?

4. ¿DE QUIÉN ES...? Complete las oraciones interrogativas y dé la respectiva respuesta.

Susana   Manuel   Teresa

¡Somos un montón! • Unidad 4

Jacqueline

Amalia

Fernando

1. ¿De quién son los zapatos de tacón?   *Los zapatos de tacón son de Susana*
2. ¿De quién es el sombrero?   _____
3. ¿De quién _____?   _____
4. ¿_____?   _____
5. ¿_____?   _____
6. ¿_____?   _____

5. **Complete como el modelo:**

1. 	2. 	3. 
¿Qué es? *Es una casa* ¿Para qué sirve? *Sirve para vivir ahí*	¿Qué_____? _____ ¿Para_____? _____	_____ _____ _____ _____

4.	5.	6.
_____	_____	_____
_____	_____	_____
_____	_____	_____
_____	_____	_____

6. Relacione los siguientes verbos del cuadro A con las palabras del cuadro B

A

celebrar - completar - construir - contestar - corregir - decir – describir - escribir - escuchar - formar - hacer - identificar - leer - observar - reconocer – tomar - ver

B

una pintura - una familia - una falta - una conversación - una casa - una canción - un paisaje - un lugar - un error - un edificio - revistas - personas – periódicos - paisaje - objetos - mentiras - los ejercicios - los diálogos - libros - las preguntas - la verdad - la tarea - la navidad - frases – fotos - el formulario - el cumpleaños - el cuadro - el aniversario - correo electrónico - cartas – café - agua

1. _____

2. _____

3. _____

4. _____

5. _____

¡Somos un montón! • Unidad **4** | 25

6. _____

7. _____

8. _____

9. _____

10. _____

11. _____

12. _____

13. _____

14. _____

15. _____

16. _____

17. _____

7. **Complete la palabra con la letra que falta. (r o rr) Sino conoce el significado, búsquelo en el diccionario. Practique su pronunciación.**

1. ____opa

2. ba____il

3. hon____a

4. ciga___o

5. ba___iga

6. to__tuga

7. al ___ededor

8. ca__o

9. Is___ael

10. a___uga

8 **Qué palabra es diferente en cada conjunto**

abuela	balón	de	médico	Australia
gafas	cinturón	por	odontóloga	portugués
tía	pantalón	para	hora	Venezuela
sobrino	medias	los	cajera	Holanda

_____   _____   _____   _____   _____

UNIDAD 5

¿CÓMO SOMOS?

1. Escriba el antónimo de las siguientes palabras.

1. Negro _____
2. Joven _____
3. Pequeño _____
4. Alto _____
5. Amable _____

6. Flaco _____
7. Optimista _____
8. Fácil _____
9. Antipático _____
10. Crespo _____

2. Lea el diálogo y responda a las preguntas

Lisa: ¿Tomas algo? Tengo jugo de mora, cerveza, soda, café…
María: Un jugo de mora.
Lisa: ¿Algo de comer?
María: Sí, pistachos, por favor.
Lisa: Aquí tienes.
María: Gracias. Adivina… tengo novio.
Lisa: ¿Verdad? ¡Qué bien! Te felicito. Y… ¿Cómo es?
María: Pues… es lindo. Es bajo, delgado, tiene barba y bigote. Es blanco y tiene el pelo rizado. Lleva gafas. Tengo una foto, mira. Es este.
Lisa: ¡Está muy bien! ¿Y de carácter?
María: Muy simpático, interesante, inteligente y sobre todo paciente conmigo. Es algo malgeniado y un poco tacaño.

Lisa: No todo puede ser perfecto. Y los otros dos, ¿Quiénes son?
María: Daniel de España y Eddy de Taiwán, amigos de la academia de baile.
Lisa: Y ¿cómo se llama tu novio?

1. ¿Qué características positivas tiene el novio de María? _____
2. ¿Qué características negativas? _____
3. ¿Cómo se llama el novio? _____
4. ¿Cómo es físicamente el novio de María? _____
5. Señale en la foto el nombre de cada persona _____

3. Llene el crucigrama

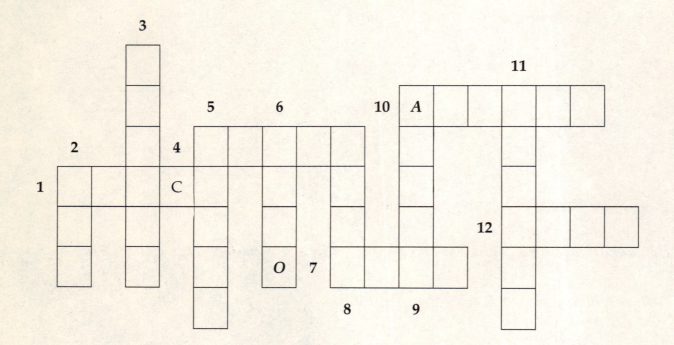

1. Lo contrario de gordo.
2. No es bonita.
3. El pelo del novio de María.
4. No tiene pelo.
5. De poca longitud.
6. Fácil de peinar.
7. No es bueno.
8. No puede hablar.
9. Hermosa, bella.
10. Lo contrario de odioso.
11. Va en la cara arriba de los labios.
12. Tenemos dos y la nariz en medio.

¿Cómo somos? • Unidad **5**

4. Juana y Mario terminan los estudios y ya no vivirán más juntos. Reparten las cosas del apartamento. Complete el texto con los posesivos.

Juana: Regresamos a nuestro país de origen. Es una lástima. Ahora repartimos todo y empieza una nueva etapa.

Mario: Sí. Repartamos las cosas. Quiero *mis* libros de literatura. ¿Quieres (1) _____ libros de gramática? No los quiero.

Juana: No gracias. Pesan mucho.

(2)_____ cama la dejo aquí. Pero (3)_____ cobija y (4) _____ almohada no.

Mario: Claro que no. (5)_____ cobija es muy fina y (6)_____ almohada muy cómoda. Es bueno que las lleves.

Juana: Exacto. También tomo el florero de la sala.

Mario: ¡Ah, no! Es(7) _____ florero favorito. Tú llevas todas (8)_____ (de nosotros) ollas y platos que compramos juntos.

Juana: Está bien, lleva (9) _____ florero favorito pero yo tomo todos (10)_____ (de nosotros) cuadros.

Mario: Claro, tú compraste esos cuadros. No tengo problema. Pero (11)_____ florero es especial.

Juana: (12) _____ maletas ya están llenas. Aún tengo (13)_____ chaqueta de invierno afuera. ¿Cabe en (14)_____ maleta de mano? Por favor….

Mario: No puedo. ¡(15)_____ maletas son más grandes!

5. Escriba un texto en donde describa a su actor/actriz favorito/a. La clase adivinará de quién se trata.

_____

_____

_____

_____

_____

_____

UNIDAD 6

LAS TRES COMIDAS

1. Relacione la palabra con la imagen y luego realice el ejercicio como en el ejemplo usando las formas verbales adecuadas de HAY y ESTAR.

Ejemplo:
Hay cuatro panes y están en la mesa del comedor.

pan - platos de comida - lápices - huevos - café - libros

1

2

3

4

5

6

1. _____
2. _____
3. _____
4. _____
5. _____
6. _____

2. **Ubique bajo cada imagen el demostrativo correspondiente:** *esta, este, esa, ese.*

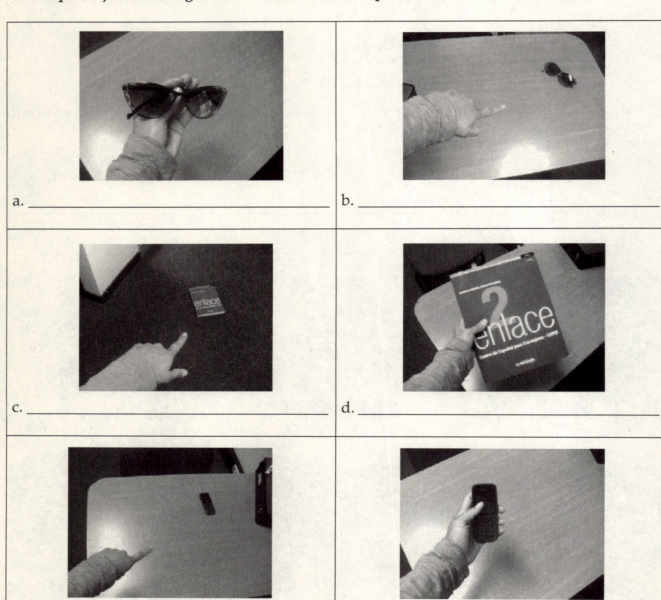

a. _____ b. _____

c. _____ d. _____

e. _____ f. _____

3. Lea el texto y conteste las preguntas

Me llamo Sveta, soy rusa, tengo 27 años y actualmente vivo en Bogotá D.C. Estudio español en una universidad. Mi apartamento está en el barrio La Candelaria y es parte del centro histórico de la ciudad. La comida aquí es muy sabrosa. Normalmente la gente aquí toma en su desayuno una taza de café o de chocolate, huevos, pan o arepa y queso, pero hay otras personas que solamente toman una taza de café o de té y una tostada. Al mediodía, en el almuerzo, hay muchas opciones: una persona puede tomar una sopa de verduras solamente o un almuerzo completo que tiene: sopa, el plato central con arroz, una verdura o cereal, carne (que puede ser pescado, cerdo o pollo), una bebida que normalmente es jugo de fruta natural y un postre pequeño. Aquí la gente come mucho y en grandes cantidades. En la tarde algunas personas consumen algo pequeño como un café o chocolate con galletas o pan, a eso le llaman "onces", pero no todo el mundo toma las "onces". En la noche, la gente come en casa y normalmente come lo mismo que en el almuerzo, pero hay personas que comen algo pequeño y suave como un té o café o una sopa pequeña. Yo tomo en el desayuno jugo de naranja, un café y con un croissant. Para el almuerzo como arroz, ensalada y pollo acompañado de un vaso de jugo de moras y por la noche como una ensalada de verduras o a veces avena caliente.

1. ¿De dónde es Sveta? _____

2. ¿Cuántos años tiene? _____

3. ¿En qué ciudad vive?_____

4. ¿Qué comen en el desayuno los bogotanos? _____

5. ¿Qué come Sveta por la noche? _____

6. ¿Qué tipos de carne aparecen en el texto? _____

7. ¿Qué bebidas mencionan en el texto? _____

4. Elija la opción correcta

1. ¿Cuánto cuestan las naranjas?
a. Buenos días
b. 2.000 pesos la docena
c. Hasta luego

2. Está en un restaurante y quiere comer una pasta
a. por favor, señor, ¿Podría darme una pasta a la carbonara?
b. por favor, señor ¿Podría comprarme una pasta a la carbonara?
c. por favor, señor, ¿Podría venderme una pasta a la carbonara?

34 | Unidad **6** • Enlace 1

3. Una persona puede tomar "onces"…

a. por la mañana

b. al mediodía

c. en la tarde

4. Termina de comer y va a pagar usted:

a. Gracias

b. Mesero por favor la cuenta, gracias.

c. ¡Hasta pronto y gracias!

5. Complete las siguientes oraciones

1. ¿Por qué tú (empezar) _empiezas_ a hablar antes que todos?

2. Tú y yo no (pensar) _____ las consecuencias de esto.

3. Juana y Ana (querer)_____ trabajar juntas siempre.

4. Ella (entender) _____muy bien lo que leemos.

5. La gente en la Costa Atlántica (preferir) _____comer pescado que res.

6. José (mentir) _____ a la gente con frecuencia.

7. Nosotros (sentir) _____ la brisa de la mañana.

8. Los pájaros (despertar) _____ por la mañana a mi hermana.

9. Todos los años nuestro equipo de fútbol (perder) _____ en el campeonato

    profesional.

10. Los soldados (defender) _____ las fronteras de nuestro país.

11. Mi hermano y yo (ascender) _____ a la cumbre de la montaña caminando.

6. Clasifique los siguientes verbos de acuerdo a los cambios de vocal en la raíz:

contar   dormir   comenzar   tener   medir   jugar   pedir   perder   servir

e > ie	e > i	o > ue

UNIDAD 7

ALGUNOS METROS MÁS CERCA DE LAS ESTRELLAS

1. **Escriba el nombre del lugar al que debe ir cuando quiere obtener un producto o un servicio en la ciudad**

a. Si usted quiere beber una cerveza debe ir a _____

b. Si usted quiere comprar pan debe ir a _____

c. Si usted quiere visitar a los difuntos debe ir a _____

d. Si usted quiere encontrar varias tiendas en un mismo lugar debe ir a _____

e. Si usted quiere leer un libro debe ir a _____

f. Si usted busca frutas y verduras debe ir a _____

g. Si usted necesita comprar medicinas debe ir a _____

h. Si usted quiere respirar aire fresco debe ir a _____

2. **Identifique los errores de conjugación en las siguientes oraciones y corrija.**

a. Si quieres ir a la peluquería gira a la derecha por la siguiente cuadra y luego voltea a la izquierda.

b. Señor, por favor, cierras la puerta ¡despacio!

_____

c. Tú, para ir al hospital camine hacia el norte tres calles y después gire a la izquierda y camine otras tres calles.

_____

3. **Transforme los siguientes verbos en instrucciones usando el presente de indicativo de acuerdo al pronombre.**

a. comer (tú)   _____   f. hablar (Ud.)   _____
b. volver (Ud.)   _____   g. escribir (ud.)   _____
c. caminar (Ud.)   _____   h. escuchar (tú)   _____
d. voltear (Ud.)   _____   i. pensar (tú)   _____
e. dormir (tú)   _____

4. **Milena debe ir al hospital a hacer una terapia, pero primero debe ir a otros lugares para entregar o hacer cosas. Ella va en su auto. Escriba las instrucciones para ella.**

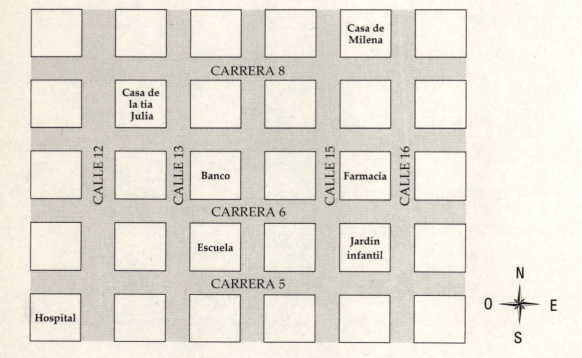

1. Dejar un paquete en la casa de la tía julia.
2. Consignar dinero en la cuenta de su hermano.
3. Comprar el medicamento para la terapia respiratoria.
4. Ir a reunión con la profesora de su sobrino Ricardo en la escuela.
5. Pagar la mensualidad de su hijo en el jardín infantil.
6. Cita médica en el hospital.

1. _____
   _____
   _____

2. _____
   _____
   _____

3. _____
   _____
   _____

4. _____
   _____
   _____

5. _____
   _____
   _____

6. _____
   _____
   _____

5. **Complete las siguientes oraciones con la forma correcta de los verbos *haber* o *tener* según sea el caso.**

1. Milena _____ tres hermanos.

2. En la oficina_____ tres rusos.

3. En casa de mi abuela _____dos árboles de manzana

4. La compañía de mi padre _____muchos gastos.

38 | Unidad **7** • Enlace 1

5.   ¿Cuántas cuentas bancarias _____ la empresa?

6.   ¿Dónde _____ un hospital infantil?

7.   ¿Quién _____ perros en su casa?

8.   ¿En dónde _____ tu celular?

9.   En la vida siempre _____ muchas oportunidades para aprender.

10. _____ personas sencillas pero también _____ personas complicadas.

6. Clasifique las siguientes palabras de acuerdo a los temas.

Buenos aires, mesero, Inglaterra, cabaña, Surinam, banco, Asunción, artista, Madrid, librería, hospital, Brasilia, Caracas, apartamento, Japón, ingeniero, Estados Unidos, casa, Colombia, Tokio, doctor, cajero, Moscú, iglesia, discoteca, Quito, parque, cantante

Ciudad	
Profesión	
Vivienda	
Lugar de la ciudad	
País	

7. Relacione las palabras con su respectivo significado

1. Banco   a. que está en calma.

2. Tranquilo   b. instrumento para medir el tiempo.

3. Joya   c. filamento delgado y flexible de la piel que cubre la cabeza y el cuerpo.

4. Pescado   d. accesorio de la vestimenta para cubrir y proteger los pies.

5. Pelo   e. objeto ornamental para el cuerpo.

6. Reloj   f. comestible una vez sacado del agua donde vive

7. Zapatos   g. lugar en donde se deposita dinero en una cuenta.

UNIDAD 8

NECESITO APARTAMENTO

1. Aquí tiene adjetivos para calificar lugares, espacios. Escriba el/los antónimo(s) de cada uno.

1. Moderno _____

2. Oscuro/a _____

3. Tranquilo _____

4. Cómodo _____

5. Ancho _____

6. Amplio _____

7. Interior _____

8. Caro _____

9. Lujoso _____

10. _____ _____

2. Relacione

1. Sala-comedor   ollas, nevera, estufa, horno, loza, microondas

2. Baño   escritorio, computador, teléfono, biblioteca

3. Cocina   lavamanos, sanitario, ducha

4. Habitación   sofá, televisor, bifé, mesa, sillas, sillón

5. Estudio   cama, mesita de noche, lámpara, armario, closet

Unidad **8** • Enlace 1

3. ¿Dónde está el lápiz?

1   2   3   4

1. _____

2. _____

3. _____

4. _____

4. **Complete el cuadro con las palabras de acuerdo con el lugar donde correspondan.**

platos / sofá / almohada /televisor / horno / mesita de noche / tazas / lavamanos / lavaplatos / cama / escritorio / nevera / vasos / bifé / biblioteca / sanitario, inodoro / ollas / mesa / cómoda / estufa / licuadora / sillón / armario, closet / cobija, manta / ducha / sillas

ESTUDIO	HABITACIÓN/ALCOBA/CUARTO	SALA
COMEDOR	**COCINA**	**BAÑO**

5. Compare estas dos compañías

CMP	FUYITOMO
Número de empleados: 48	Número de empleados: 35
Salario por mes: $1.350.000	Salario por mes: $ 2.500.000
Días de vacaciones/año: 15	Días de vacaciones/año: 23
Horas de trabajo/semana: 48 h	Horas de trabajo/semana: 40 h
Horario: 8:00 - 12:00, 13:00 -18:00 Lun a Sab.	Horario: 9:00 -12:00, 13:00 - 18:00 Lun a Vier.
Ubicación: 22 km del centro de Bogotá	Ubicación: 22 km del centro de Bogotá
Sucursales: 3	Sucursales: 5

pago   horas   número de empleados   vacaciones   ubicación   sucursales

1. CMP tiene *más* empleados que FUYITOMO

2. CMP paga _____ que FUYITOMO

3. CMP tiene _____ vacaciones al año que FUYITOMO

4. En FUYITOMO los empleados trabajan _____ horas que en CMP

5. En CMP los empleados empiezan a trabajar _____ que los de FUYITOMO

6. CMP es _____ lejos _____ FUYITOMO del centro de la ciudad.

7. CMP tiene _____ sucursales que FUYITOMO

Todas las claves para encontrar empleo en Japón

En los últimos tiempos ha crecido considerablemente el número de ciudadanos extranjeros que se han decidido a intentar trabajar en Japón, quizá atraídos por la relativa estabilidad de su economía, por su cultura y estilo de vida o incluso por su gastronomía.

Ahora bien, si te has decidido a buscar un empleo en el extranjero y Japón es tu punto de mira, debes conocer algunas claves sobre cuál es la forma más rápida y sencilla para conseguir trabajo en este país.

Qué ventajas encontramos a la hora de trabajar en Japón

– La economía de Japón.

–La vida es relativamente barata (hoteles, restaurantes, transportes, muchas veces más baratos que en España, por ejemplo).

– Los salarios son algo mejores que los de España, por ejemplo.

– La experiencia.

Requisitos para trabajar en Japón

– Hablar idiomas. Para trabajar en Japón necesitaremos como mínimo un nivel de inglés medio/alto. Ideal si conoces el japonés.

–Estar al tanto de las costumbres y tradiciones japonesas. Japón es un país muy tradicional en este sentido, que se toma muy en serio sus costumbres. Sería conveniente informarse bien acerca de la cultura japonesa, especialmente la relacionada con el mundo laboral.

–Obtener previamente los papeles/visados pertinentes para entrar y trabajar legalmente en Japón.

Tomado de: http://trabajarporelmundo. org/como-encontrar-empleo-en-japon/

6. Lea la carta y responda a las preguntas

Querida Paola.

Te cuento que ahora vivo en Bogotá. Vivo en un barrio que es muy tranquilo, se llama La Macarena. Es tan tranquilo como el Poblado en Medellín. Es en el centro. Mi apartamento es lindo, un poco más amplio que el anterior. Tiene tres habitaciones, dos baños y un balcón con vista a las montañas. Estoy a 20 minutos a pie de la oficina, no es tan lejos como antes.

No es fácil ir del centro al norte, entonces aprovecho al máximo las actividades cercanas. Bogotá es muy congestionada y ruidosa pero mi trabajo es interesante, mis compañeros amables y la gente es simpática. Una ciudad llena de contrastes. No es tan complicado como puedes creer. Tú sabes, es difícil encontrar algo perfecto… es importante aprovechar al máximo esta oportunidad y no pensar en los defectos.

¡Ven pronto! Es interesante. Vas a tener unas buenas vacaciones aquí. ¡Anímate!

Un abrazo

Sarah.

1. ¿Dónde vive Sarah?

_____

_____

2. ¿Cómo se llama y cómo es el barrio?

_____

_____

3. ¿Cómo es su apartamento?

_____

4. ¿Cómo es la ciudad?

_____

_____

5. ¿Qué opina Sarah de su vida actual?

_____

_____

UNIDAD 9

¿CÓMO ESTÁS?

1. Relacione cada una de las siguientes oraciones con una de las siguientes ideas:

Lugar de celebración de un evento -Condición emocional- Profesión - Características físicas - Condición física - Posesión – Material - Nacionalidad - Localización - Características de personalidad

1. La plaza de Bolívar está en el centro histórico _____

2. Andrea es muy chistosa _____

3. Mis hijos están altos _____

4. Esas esferas son de cristal _____

5. Lars y Enrique son delgados _____

6. Los libros son de la universidad _____

7. Ellos son todos de Dinamarca _____

8. Simón es un entomólogo _____

9. Ella está melancólica, extraña mucho su país _____

10. Todas las graduaciones son en el auditorio _____

2. Relacione las columnas A y B

¿Qué te duele?

A		B
1. Luego de leer 5 horas continuas		a. la espalda
2. Luego de caminar 8 horas en el bosque		b. los ojos
3. Luego de jugar 2 partidos de fútbol		c. los brazos
4. Luego de escribir 10 postales	Me duele	d. los pies
5. Luego de estudiar un día entero	Me duelen	e. el estómago
6. Luego de comer 3 platos típicos		f. las piernas
7. Luego de hacer flexiones de pecho		g. la cabeza
8. Luego de cargar una maleta de 20 kilos		h. la mano

3. Lea el siguiente texto y luego determine si las afirmaciones son falsas o verdaderas. Si son falsas corrija la información.

UN CLIMA MARAVILLOSO

Bogotá, capital de Colombia, se caracteriza por tener un clima moderadamente frío, con cerca de 14ºC en promedio. Aunque pertenece al clima tropical, el frío se acentúa en jornadas de lluvia o de poco sol. Por otro lado, en los días muy soleados la sensación térmica puede incrementarse hasta los 23ºC o más.

Bogotá tiene una humedad cercana al 80%, por eso los habitantes y visitantes de la ciudad no experimentan un clima húmedo, pues en parte se ve compensado este exceso de agua con grandes "ráfagas" de viento que hacen que la ciudad permanezca un poco más seca, especialmente en meses como julio y agosto.

En ocasiones ocurren lluvias intensas que llaman también "aguaceros", las cuales también a veces vienen acompañadas de granizo.

Con el cambio global del clima, Bogotá es impredecible, se pueden presentar cambios repentinos de temperatura, por esa razón es importante estar siempre preparado para el frío, el sol y la lluvia.

Adaptado de: "Un clima maravilloso" en http://www.bogota.gov.co/ciudad/clima

	F	V
1. El porcentaje de humedad en Bogotá es de 35%		
2. Bogotá tiene un clima desértico		
3. La temperatura promedio de la capital es de 14°C		
4. Siempre llueve en Bogotá		
5. Los meses con tiempo seco son enero y abril		
6. Se puede utilizar pantalones cortos todo el tiempo		

_____

_____

_____

_____

_____

_____

4. Responda las siguientes preguntas según su experiencia real.

Ejemplo:

¿Usted vuela todos los fines de semana a Buenos Aires?

No, yo vuelo a Buenos Aires una vez al año.

1. ¿Usted cuenta su dinero en la noche?

_____

2. ¿A veces encuentra dinero en su ropa por sorpresa?

_____

3. ¿Recuerda las historias de su mejor amigo?

_____

4. ¿Suele decir mentiras?

_____

5. ¿Usted devuelve los libros que le prestan?

_____

6. ¿Cuántas horas duerme por día?

_____

7. ¿A qué horas vuelve a casa?

_____

8- ¿Qué cosas no puede hacer?

_____

5. Relacione el especialista con su objeto de trabajo

dermatólogo   cardiólogo   pediatra   neurólogo   urólogo   optómetra

_____: médico para niños

_____: especialista del corazón

_____: trata la piel

_____: especialista de la visión

_____: trata los problemas del sistema nervioso

_____: trata las afecciones del sistema urinario

UNIDAD 10

AL QUE MADRUGA DIOS LE AYUDA

1. Complete la tabla

	YO	TÚ	EL/ELLA/USTED	NOSOTROS	ELLOS(AS)/UDS.
Levantarse					
Ducharse					*Se duchan*
Secarse					
Peinarse			*Se peina*		
Afeitarse					
Desayunarse					
Acostarse		*Te acuestas*			

2. Relacione la pregunta con la respuesta para formar un diálogo.

1. ¿A qué hora te levantas?
2. ¿Te duchas en la mañana o en la noche?
3. ¿A qué hora sales de tu casa?
4. ¿A qué hora empiezas a trabajar?
5. ¿Cómo vas a tu trabajo?
6. ¿A qué hora te acuestas?

a. Salgo entre ocho y nueve
b. Normalmente empiezo a las 9:30 am. pero si tengo muchas cosas a las 8
c. Depende, entre semana a las 10 pm y el fin de semana entre 11 y 12 pm.
d. Voy en taxi, a veces en bus.
e. A las siete de la mañana.
f. Generalmente en la noche.

3. Escriba el texto con la información proporcionada en primera persona del singular conjugando los verbos de manera adecuada.

Todos los días *levantarse* temprano.	*Todos los días me levanto temprano.*
Nunca *acostarse* antes de las 10 pm.	_____
Una vez a la semana *convencer* a mi novio(a) de ir	_____
al gimnasio. De vez en cuando *conseguir* ir solo(a).	_____
Siempre *almorzar* en el restaurante de la empresa.	_____
De vez en cuando en la noche *regresar* a casa a pie,	_____
nunca *coger* taxi.	_____
	_____

4. Lea el diálogo y responda las preguntas.

EN LA RECEPCIÓN DE UN HOTEL

Recepcionista: Bienvenidos. Aquí están sus llaves. ¿Estas son sus maletas?

Lisa: No, esas no son las mías. Las mías son la roja y la negra.

Recepcionista: Señor, ¿esas pequeñas son las suyas?

Julio: Sí, pero el porta vestidos morado no; el mío es el verde.

Lisa: Ese porta vestidos morado es el mío.

Recepcionista: Perfecto. El botones subirá todo el equipaje.

Lisa: ¿Estas son mis llaves?

Recepcionista: Sí, habitación 138.

Lisa: ¿Hay restaurante dentro del hotel? ¿Puedo comer algo ahora mismo?

Recepcionista: Sí hay. Pero está cerrado. En frente hay un restaurante que cierra a las 11 p.m. El nuestro cierra todos los días a las 10 p.m.

Lisa: Perfecto, voy rápido.

Julio: Yo no tengo hambre, voy a tomar una ducha. Mañana nos vemos a las 8. ¿Nos vemos en mi habitación o en la tuya?

Lisa: Mejor en la mía.

Julio: ¿Este paraguas es tuyo?

Lisa: A ver… ¡Sí! Gracias.

Al que madruga Dios lo ayuda • Unidad **10** 49

1. ¿De quién son las maletas pequeñas? _____

2. ¿De quién es el porta vestido morado? _____

3. ¿Cuál es la habitación de Julio? _____

4. ¿A dónde puede comer Lisa? _____

5. ¿En qué habitación es la cita al día siguiente? _____

5. Observe el cuadro y después escriba el posesivo adecuado.

TÚ	Cuaderno rojo	Guantes de cuero	Reloj digital
USTED	Morral grande	Libros están en el morral	Hijo en el colegio
USTEDES	Lápices en casa	Arepas de trigo	

1. Lisa ¿este cuaderno es _tuyo_?   – No, _el mío_ es rojo.

2. Profesor, ¿este morral es _____?   – No, _____ es pequeño.

3. Chicas, ¿los lápices son _____ ?   – No, _____ los tenemos en casa

4. Lisa ¿esos guantes son _____?   – No, _____ son _____.

5. Profesor, ¿estos libros _____?   – No, _____.

6. Chicas, ¿las arepas de maíz _____?   – No, _____.

7. Lisa, ¿este reloj de cuerda es _____?   – No, _____.

8. Profesor, su hijo está aquí.   – No puede ser, _____.

9. ¿Chicas, ¿_____?   -No, _____.

6. Mire las fotos, describa cada una. ¿Qué están haciendo? ¿Dónde? ...

 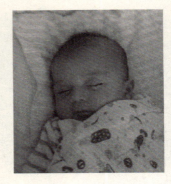 

1. _____   2. _____   3. _____

4. _____   5. _____

7. Lea el diálogo entre Julia y Juan

Julia: Hola Juan.
Juan: Hola Julia, ¿cómo estás?
Julia: Bien gracias. ¿Quieres hablar con Pedro?
Juan: Sí, por favor. Gracias.
Julia: Es que está durmiendo. Pasó mala noche. Ya sabes, está preparándose para conseguir un nuevo trabajo.
Juan: Claro, lleva mucho tiempo buscando ese trabajo. Yo con el mío estoy contento pero mi jefe nunca está.
Julia: Pero el tuyo nunca está, en cambio el de Pedro es una persona muy complicada. Además el salario no nos alcanza. Nuestros hijos están por ingresar a la universidad y la matrícula es muy cara.
Juan: ¡Cuánto lo siento! Los míos afortunadamente aún están estudiando en el colegio.
Julia: Sí, y los tuyos son dos, los nuestros son tres... y todo es muy caro en esta ciudad. Además yo estoy en casa todo el día cocinando, arreglando, limpiando... Con esta situación estoy pensando buscar un empleo, pero sin hablar bien el idioma es difícil.
Juan: Te entiendo. Pero no debes quejarte, tienes una familia maravillosa y la ciudad también tiene cosas positivas. Además estar en casa estudiando y haciendo cosas para la familia no es malo.

Julia: Sí, eso es verdad. ¡Pedro va a conseguir ese nuevo empleo!

Juan: Seguro que sí. Él está trabajando al máximo para vencer los obstáculos.

Responda a las preguntas

1. ¿Por qué Pedro no puede hablar con Juan? _____

2. ¿Por qué Pedro pasó mala noche? _____

3. ¿Qué tal es el trabajo de Juan? _____

4. ¿Qué están haciendo los hijos de Julia y Pedro? ¿Y los de Juan? _____

   _____

5. ¿Cómo es la situación de Julia? _____

   _____

8. ¿Con qué frecuencia realiza estas actividades?

1. Ir al cine: _____

2. Salir a comer a nuevos restaurantes: _____

3. Viajar en avión: _____

4. Limpiar tu casa: _____

5. Levantarte tarde: _____

9. Relacione las dos columnas

1. Jamás voy al gimnasio   a. Porque me gusta ver la tele.

2. Javier nada tres veces por semana.   b. Porque no tengo tiempo

3. Todos los días como fuera de casa.   c. Queremos respirar aire puro

4. Siempre me acuesto tarde.   d. No me gusta cocinar

5. Una vez al mes vamos al campo.   e. Le duele mucho la espalda

UNIDAD 11

ENTRE GUSTOS, NO HAY DISGUSTOS

1. Lea el siguiente texto en donde Gabriela cuenta lo que le gusta hacer el fin de semana.

Los sábados me gusta levantarme temprano porque tengo mi clase de violín en la Universidad. Me baño, desayuno y a las 8:30 estoy lista para salir de casa.

Paso en la Universidad toda la mañana. Me gusta mucho ese lugar. Me encantan los árboles que hay allí. Adoro recorrer los jardines y sentirme como en el campo.

Mis compañeros de clase son muy amables. Nos gusta ir a tomar algo juntos en el descanso. Muchas veces preferimos llevar cada uno una cosa para compartir y hacer un picnic en el prado. Nos parece rico charlar de todo un poco.

Después de clase me gusta ir a hacer compras para la semana. No me gustan mucho los supermercados porque están llenos de gente pero es el único día que tengo disponible para eso. Por eso prefiero llevar una lista con las cosas que necesito y así tardar menos tiempo. Generalmente después de hacer las compras voy a comer algo a un restaurante y luego voy a un museo o al cine.

Me interesan mucho las películas de terror, me encanta la sensación que me producen.

Los domingos en general me quedo todo el día en casa limpiando, arreglando la casa, viendo la tele, etc. Me gustan los programas especiales de cocina y los programas sobre animales. A veces me aburre un poco no poder salir pero prefiero preparar todo para la semana.

Ahora

– Subraye las formas que expresan gustos, opiniones y preferencias.

54 | Unidad **11** • Enlace 1

– **Escriba un texto contando qué le gusta hacer los fines de semana.**

_____

_____

_____

_____

_____

_____

_____

_____

2. **Termine las frases según convenga y conjugue los verbos en la forma correcta. ¡Cuidado con los pronombres!**

1. Vamos a la Universidad

   a. porque (detestar) _____ esos actores

2. Los niños van al parque

   b. (encantar) _____ _____ las exposiciones

      Pablo Picasso.

3. Hago yoga

   c. porque (interesar) _____ _____ muchos

      los idiomas.

4. Van al museo porque

   d. porque (fascinar) _____ _____ los felinos.

5. No quiero ver esa película

   e. porque (convenir) _____ _____ para el estrés.

6. Tienes un gato

   f. porque (aburrir) _____ _____ las películas.

Entre gustos, no hay disgustos • Unidad **11** 55

3. Lea el diálogo y responda las preguntas.

ENTREVISTA DE TRABAJO

Emma: ¿Qué te parecen los postulantes?

Lina: Bueno, Sofía Rojas me parece la mejor. Me cae muy bien, me gusta la forma de expresar lo que piensa. Es segura.

Emma: Para el puesto de administrador es muy importante.

Lina: Sí, también me parece una mujer que puede resolver problemas sin complicarse.

Emma: Pero es algo orgullosa y no tiene mucha experiencia.

Lina: Creo que te parece orgullosa pero es por timidez. Es además joven, por eso no tiene mucha experiencia.

Emma: ¿Qué tal te cae Juan Sánchez? A mí me cae bien. Aunque es joven tiene experiencia en empresa internacional. Además es tranquilo y muy amable. Tiene una muy buena formación.

Lina: Pues a mí a primera vista no me cae muy bien aunque es verdad que su experiencia es buena. Me parece un buen candidato pero prefiero a Sofía.

Emma: Pensemos un poco más. Hagamos un balance de los pros y los contras... y decidimos.

Lina: Listo, pero antes vamos a tomar y a comer algo que me duele la cabeza. ¿A ti no?

Emma: Sí a mí también. Vamos...

1. ¿Qué candidato le cae mejor a Lina? ¿Por qué?

_____

_____

2. ¿Qué candidato le cae mejor a Emma? ¿Por qué?

_____

_____

3. ¿Qué necesita Sofía para ser la mejor candidata?

_____

4. ¿Qué significa "hacer un balance de los pros y los contras"?

_____

_____

5. ¿Van a tomar la decisión sobre el candidato ya mismo? ¿Por qué sí/no?
_____

4. Lea la información sobre los gustos de cada persona. Complete los diálogos.

Nombre: **Luis**
☺ Las motos, el cine, las fiestas.
☹ Leer, los museos, el fútbol, la tele, la música clásica.

Nombre: **María**
☺ La lectura, el teatro, la música clásica.
☹ La televisión, las fiestas, el fútbol.

Nombre: **Alberto**
☺ Leer, las fiestas, la música clásica.
☹ Las motos, el cine, los museos.

☺ (le gusta)   ☹ (no le gusta)

María: ¿Te gusta leer? Alberto: *Sí, ¿y a ti?* Luis: *A mí no.*	María: ¿Te gusta el fútbol? Luis: _____ María: _____	Luis: ¿Te gustan las motos? Alberto: _____ Luis: _____
María: ¿Te gustan las fiestas? Alberto: _____ Luis: _____		Luis: ¿Te gusta la tele? María: _____ Luis: _____

Alberto: ¿Te gustan los museos?	María: _Te gusta la música_ clásica?	Luis:¿Te gustan las fiestas?
Luis: _____	Alberto: _____	Alberto: _____
Alberto:_____	Luis:_____	Luis:_____
		María:_____

5. **Busque en youtube.com la canción de Facundo Cabral "No soy de aquí, ni soy de allá". Escuche a partir del minuto 4. Complete los espacios que faltan en estas estrofas. (https://www.youtube.com/watch?v=tLWnn_Tz3WY)**

1. Me gusta_____
   el buen cigarro y la guitarra española
   saltar paredes y abrir las ventanas
   y cuando llora un mujer

2. Me gusta_____
   y los conejos y los viejos pastores
   el pan casero y la voz de Dolores
   y el mar mojándome los pies

   No soy de aquí, ni soy de allá
   no tengo edad, ni porvenir
   y ser feliz es mi color de identidad

3. Me gusta_____
   o en bicicleta perseguir a Manuela
   o todo el tiempo para ver las estrellas
   con la María en el trigal

   No soy de aquí, ni soy de allá
   no tengo edad, ni porvenir
   y ser feliz es mi color de identidad

   No soy de aquí, ni soy de allá
   no tengo edad, ni porvenir
   y ser feliz es mi color de identidad

UNIDAD 12

¿ALÓ?

1. Lea el siguiente correo electrónico y analice la situación de Susana. Susana Morales es una estudiante de geografía y necesita cambiar la fecha de su examen. ¿Es correcta la manera en que ella escribe este correo? Realice las correcciones pertinentes de acuerdo con la estructura de una carta formal.

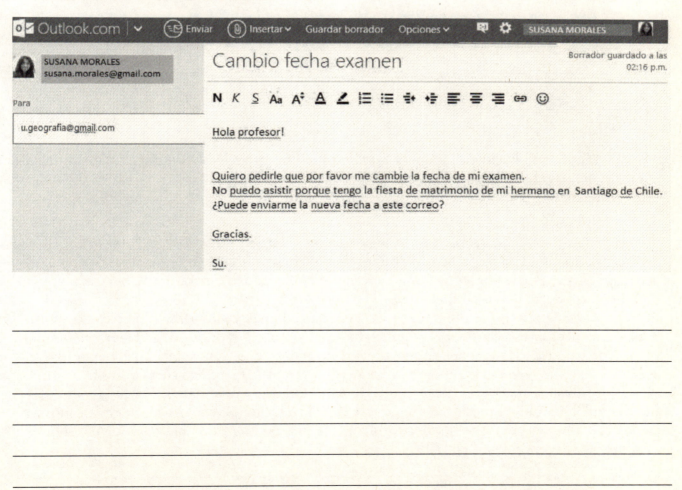

_____
_____
_____
_____
_____

60 | Unidad **12** • Enlace 1

2. Juan y Suana sostienen una conversación telefónica. Ordénela

1. S: Decirme ¿qué?

2. S: La verdad no mucho…mmmm nada, ¿Por qué?

3. J: ¿Aló?

4. J: ¿Qué estás haciendo en este momento?

5. S: No, en verdad no puedo, el señor no me aceptará la cancelación del traslado del mueble y voy a tener que pagar más dinero. De todas maneras muchas gracias por tu invitación.

6. J: Hola Susana, ¿Cómo estás?

7. S: ¿Un plan? ¡Dime cuál es!

8. J: Es una pena lo que me dices… Entonces otro día planeamos algo porque también quiero decirte… que… Mejor hablamos otro día.

9. S: ¿sí´?

10 J: Pues hoy a las 8.pm hay un concierto de Lila Downs, en el teatro Jorge Eliecer Gaitán, en el centro de Bogotá. ¿Te gustaría ir conmigo a verla?

11. S: Bueno, hasta pronto y gracias Juanito.

12. J: Podrías cambiarla para otro día, mira que esta cantante muy pocas veces viene al país

13. S: ¡Hola Juan! Estoy bien, gracias.

14. J: ¡Qué bueno escuchar eso porque te tengo un plan!

15. S: Ayyy tengo un problema, olvidé completamente que a esa hora vienen a recoger mi cama para llevarla a mi nueva casa.

16. J: Que estoy… Nada, olvídalo… olvídalo… Un abrazo y hasta pronto

3 ____ ____ ____ ____ ____ ____ ____ ____

 ____ ____ ____ ____ ____ ____ ____ ____

3. Lea las siguientes recomendaciones para las personas que visitan Bogotá. Luego, de acuerdo con las sugerencias dadas, ayúdele a Susana a vestirse para tres días de su semana de acuerdo con sus actividades.

Recomendaciones de cómo vestir en Bogotá

Se recomienda tener siempre a la mano un saco o chaqueta y paraguas o impermeable, es aconsejable que estos elementos no sean demasiado abrigados o pesados debido a que pueden llegar a estorbar en días soleados.

En reuniones de trabajo se utiliza traje de calle para damas y corbata y traje para los hombres. Para hacer largas caminatas se aconseja usar zapatos cómodos preferiblemente deportivos. Por su parte, los jóvenes universitarios prefieren el uso de jeans, tenis, chaquetas o suéteres casuales, incluso algunas jovencitas usan camisas de manga corta o tirilla.

A nivel informal es poco frecuente el uso de pantalón corto y sandalias. Para quienes quieran visitar la ciudad cómodamente y con más naturalidadse recomienda usar un morral o maleta de mano para poder transportar elementos de uso probable ante los constantes cambios de las condiciones climáticas.

Adaptado de Clima en: http://www.bogota.gov.co/ciudad/clima

El plan de actividades de Susana en la universidad:

LUNES	MIÉRCOLES	VIERNES
8:00 a.m. presentación de trabajo final	9:00 a.m. Clase de geología I	
	12:00 m. almuerzo con profesor	
12:00 m. Almuerzo con el decano		
	3:00 p.m. práctica de squash	
4.00 p.m. Cena con amigos		7:00 p.m. Cine con Miguel

Recomendaciones de vestuario para Susana:

Lunes: _____

_____

_____

_____

Miércoles: _____

_____

_____

_____

Viernes: _____

_____

_____

Unidad 12 • Enlace 1

4. En las siguientes oraciones reemplace el objeto directo por el pronombre correspondiente:

1. Todos los días veo las flores de mi jardín

   _____

2. Aquí compramos el periódico tres veces por semana

   _____

3. Vendo casa en el norte de la ciudad

   _____

4. Ángela compra sandalias costosas

   _____

5. Estoy buscando a María Cecilia.

   _____

6. Juan está acompañando a Susana y a Juan a tomar el bus

   _____

7. Los clientes están devolviendo los productos a la empresa.

   _____

8. La tía Julia está vistiendo a su sobrina Milena

   _____

9. Estoy buscando un trabajo hace mucho tiempo.

   _____

10. Él organiza las carpetas de la oficina.

    _____

¿Aló? • Unidad **12** 63

5. **Escriba la forma adecuada de los verbos según corresponda:**

a. En la empresa todos (*nosotros distribuir*) _____ las mercancías en la ciudad.

b. Los investigadores (*contribuir*) _____ al desarrollo del país.

c. El ladrón (*huir*) _____ con el dinero del banco.

d. A algunas plantas se les (*ellas atribuir*) _____ propiedades medicinales.

e. Los maestros de español (*instruir*) _____ en gramática a sus estudiantes.

6. **Utilice los pronombres de objeto directo (lo, la, los, las), también las palabras de la lista y realice el ejercicio como en el modelo:**

Modelo:
¿Qué buscas? *Busco unos zapatos*
¿Cómo *los* quieres? *Los* quiero *negros*

> Camisa, sombrero, moto, libro, llaves, calcetines, gafas, tomates.
> Blanca, negro, rápida, interesante, nuevas, suaves, bonitas, frescos

1. ¿Qué buscas? _____

   ¿Cómo ____quieres? _____quiero _____

2. ¿Qué buscas? _____

   ¿Cómo ____quieres? _____quiero _____

3. ¿Qué buscas? _____

   ¿Cómo ____quieres? _____quiero _____

4. ¿Qué buscas? _____

   ¿Cómo ____quieres? _____quiero _____

5. ¿Qué buscas? _____

   ¿Cómo ____quieres? _____quiero _____

6. ¿Qué buscas? _____

   ¿Cómo ____quieres? _____quiero _____

7. ¿Qué buscas? _____

   ¿Cómo ____quieres? _____quiero _____

8. ¿Qué buscas? _____

   ¿Cómo ____quieres? _____quiero _____

UNIDAD 13

MIS PLANES

1. Dé un consejo práctico para cada situación. Utilice *hay que, tener que, deber.*

Tiene una fiebre muy alta _____

Si quieren pasar el examen final… _____

Perdí mis maletas _____

La ciudad no es segura _____

Nuestras visas vencieron _____

2. Lea el siguiente testimonio y después haga una lista de cinco recomendaciones.

Juliana está desesperada por su sobrepeso.

"Me siento muy mal, cada vez que como me siento culpable. Me peso todos los días. Tengo pesadillas, me despierto e inmediatamente me levanto a comer. No tengo fuerza de voluntad. Cuando voy al supermercado compro helados, chocolates, bizcochos y muchas gaseosas. Cuando termino de comer siempre me siento muy llena. No sé qué hacer."

1. _____

2. _____

3. _____

4. _____

5. _____

3. **Mire la agenda de Julia. ¿Qué piensa hacer el viernes?**

7:00 *gimnasio*	1:00 *Almuerzo con compañeros*
8:00 *clase de español (2h)*	2:00 Redactar y enviar informe
9:00	3:00
10:00	4:00 Redactar el acta de la reunión
11:00 *Reunión con el jefe (skype)*	5:00
12:00	6:00 Aeropuerto (Lima) Salida 9 p.m.

A las 7 de la mañana va a _____, después a las 8 a.m. _____.

A las 11 _____ para tratar temas relacionados del trabajo hasta las 12.

A la 1 _____ y a las 2 _____

_____

_____

4. **Complete el diálogo con las palabras del cuadro. Algunas pueden repetirse.**

alguna   ningún   algo   nadie   nada   alguien

Carlos: ¿_____me llamó ayer?

Lucas: No _____.

Carlos: ¿_____ persona vino a visitarme?

Lucas: Sí, _____ preguntó por ti pero no recuerdo quién.

Carlos: Estoy esperando un cliente. Tenemos una cita pendiente. En mi correo no tengo _____ mail.

Lucas: Mmm… no sé _____ al respecto.

5. Lea el horóscopo de Tauro. Conjugue los verbos que están entre paréntesis en futuro.

Hoy estás muy comunicativo, con un tono alegre, quieres hablar con amigos y amigas que hace tiempo no ves, _____ (compartir) ideas, te _____ (lanzarse) a nuevas aventuras económicas, negocios, compras. Por otra parte, la Luna _____ (acentuar) tu sensibilidad e intuición en esta etapa. En cuestiones sentimentales se _____ (abrir) caminos muy interesantes para ti. Te _____ (sentir) atraído hacia una persona que hace poco conociste pero que te _____ (quitar) el sueño. Si ahora no tienes una pareja estable _____ (tener) el tiempo de explorar todas las posibilidades, pero si la tienes, _____ (evitar) situaciones que pueden poner en peligro tu relación y causar celos innecesarios entre ambos.

6. Escriba frente a cada frase la intención del hablante

a. ¿Qué pasará? _____

b. Tendrá unos 40 años _____

c. Te irá a la cama sin comer postre _____

d. De casualidad… ¿Tendrá servicio de baño? _____

e. La niña tendrá que decir toda la verdad _____

UNIDAD **14**

¿QUÉ PASÓ...?

1. Indique la persona y convierta los siguientes verbos conjugados en pretérito indefinido al infinitivo.

a. cupieron _____

b. fuimos _____

c. hiciste _____

d. dijimos _____

e. anduve _____

f. estuvo _____

g. vio _____

h. pudieron _____

i. quisiste _____

j. supe _____

k. vinieron _____

l. traduje _____

2. a. Lea el siguiente texto y luego las actividades.

LA RUTINA DE JUANA

Juana es una azafata y trabaja en una famosa aerolínea de Colombia. En un día lunes la rutina de Juana es la siguiente:

Se levanta a las 5:00 de la mañana y se baña rápidamente, 10 minutos después sale de la ducha, se seca. Después ella peina su pelo largo en una trenza y se maquilla, se aplica perfume y se viste con el uniforme. A las 5:20 toma con prisa un desayuno: un café con leche, tostadas, un huevo frito y fruta.

Ella vive en un sexto piso. Toma su sombrero rojo, su maleta y baja al primer piso para esperar al conductor que la lleva al aeropuerto. Allí se encuentra con sus otras compañeras y compañeros de vuelo.

Ellos se preparan para atender a los pasajeros que van a diferentes partes del país.

Regresa a Bogotá poco cansada. Habla con su jefe, escribe el reporte del último vuelo y se prepara luego para regresar a casa.

En su casa vive su amiga Catalina, que también es azafata. Juana y Catalina, a las 4 de la tarde, van al supermercado a comprar las cosas que necesitan para la semana. Regresan a casa, ordenan las compras y nuevamente salen para ir a reunirse con sus otras dos amigas, a quienes no ven desde hace mucho tiempo. Las cuatro van a un restaurante de comida tradicional. Allí todas comparten un buen momento, acompañadas de unos ricos platos y un buen vino. Hablan de su experiencia profesional y de sus vidas. Ahora que Juana sabe más de sus amigas, se siente feliz por saber que todas están bien.

Después de la reunión, Catalina y Juana se despiden de sus amigas y regresan a su casa contentas. Cuando llegan, bajo la puerta hay una notificación que les informa a Catalina y a Juana que al día siguiente no tienen vuelos programados. No hay duda de que las dos terminan su día de manera excepcional.

---

b. Transforme el texto anterior al pretérito indefinido pero en primera persona. Usted será el protagonista de la historia. Continúe el texto a partir de la siguiente línea:

Soy azafata, me llamo Juana y trabajo en una famosa aerolínea de Colombia. El lunes hice lo siguiente:...

¿Qué paso...? • Unidad **14**

c. Escriba en pasado 10 actividades que Juana realizó el lunes.

El lunes, la rutina de Juana fue así:

a. *Ella se levantó*   f. _____

b. _____   g. _____

c. _____   h. _____

d. _____   i. _____

e. _____   j. _____

3. Transforme los siguientes verbos según el modelo en pretérito indefinido

Verbo	Yo	nosotros	Ellos /ustedes
pagar			
tocar			
tranquilizar			
practicar			
negar			
cruzar			
explicar			
castigar			
abrazar			
apagar			
empezar			

¿Qué paso...? • Unidad **14** 73

4. Con los verbos conjugados en las personas especificadas del ejercicio anterior, construya frases con los siguientes temas o complementos del verbo y expresiones de tiempo

Ayer, anteayer, la semana pasada, el mes anterior, la última vez, el 26 de septiembre, en 1990, anoche, Esta mañana, ayer por la tarde, hace diez años,	Las cuentas, a trabajar. La flauta, las luces del estudio, a la tía nerviosa, a amigos en el aeropuerto, la verdad, por decir mentiras, la conjugación de los verbos irregulares, las avenidas con cuidado	Julia y yo, Ángela, la policía, el músico, el jefe, la secretaria, La abuela y el abuelo, Antonio y yo, Lucas y tú, Mariano y yo.

1. _____

2. _____

3. _____

4. _____

5. _____

6. _____

RESPUESTAS

UNIDAD 1

1.

-Buenos días, yo me llamo Gabriela.
Y usted, ¿cómo se llama?
-Javier, mucho gusto.
-Encantada.

2.

1. Yo me llamo **2.** Él se llama **3.** Nosotros nos llamamos **4.** Ustedes se llaman **5.** Tú te llamas.

3.

1. Carlos. **2.** Juan. **3.** Lisa **4.** Hortensia. **5.** Teresa. **6.** Isabel

4.

1. Equis. **2.** Doble uve. **3.** Jota. **4.** Pe. **5.** Eñe. Cu

5.

19:45: buenas noches. 7:00: buenos días. 16:18: buenas tardes.

6.

Ejemplos: Chicle, chancleta / Naranja, nada / Kilo, kilómetro / Julio, jabón / Gato, gota

7.

1. 9 nueve. **2.** 16 diez y seis. **3.** 18 diez y ocho. **4.** 11 once. **5.** 7 siete.

8.

-Buenas tardes. Yo soy Juana. Y tú, ¿cómo te llamas?
-Hola. Soy Sofía.
-¿Y tu apellido?
-López, Sofía López.
-¿Cómo se escribe?
-Ele-o-pe-e-zeta.
-Mi apellido es Rojas, Juana Rojas.
-Encantada Juana.

10. Colombia, Panamá, Venezuela, Perú, Aruba, Bolivia, Chile, Cuba

Z	S	F	E	A	L	U	P	D	Q
C	O	L	O	M	B	I	A	D	A
H	S	P	C	J	O	A	N	E	L
Ñ	P	E	F	H	L	S	A	J	E
E	C	R	V	N	I	I	M	P	U
G	O	U	D	A	V	L	A	Ñ	Z
H	G	Ñ	B	I	I	F	E	R	E
J	H	U	L	A	A	K	D	B	N
O	R	O	E	O	I	Y	I	K	E
A	B	P	A	J	D	D	F	E	V

11.

1. Buenos Aires **2.** San Andrés y Providencia **3.** África **4.** Atlántico y el Pacífico **5.** Surinam **6.** Barbados, Dominica, Granada.

UNIDAD 2

1.
1. Buenos días yo soy / me llamo José Pérez 2. Hola, yo soy / me llamo Adriana Pérez 3. Ella es Marina y él se llama Juan Manuel 4. Él es estudiante de español y él es estudiante de portugués

2.
1. Ellos son Malcom X y Mahatma Gandhi 2. Él es Gabriel García Márquez 3. Ella es Madona 4. Ellas son Sofía Vergara y Shakira 5. Ellos son Diego Rivera y Frida Kahlo 6. Él es Pablo Picasso

3.
1. soy etíope - soy etíope 2. nosotros somos holandeses -nosotras somos holandesas 3. es brasileño - es brasileña 4. es italiano - es italiana 5. es haitiano - es haitiana 6. Es estadounidense - es estadounidense 7. es irlandés - es irlandesa 8. somos canadienses - somos canadienses 9. son españoles - son españolas 10. soy danés - soy danesa 11. es colombiano - es colombiana 12. eres venezolano - eres venezolana 13. es cubano - es cubana 14. son argentinos - son argentinas 15. es paraguayo - es paraguaya 16. es peruano - es peruana 17. soy mexicano - soy mexicana 18. eres francés - eres francesa

4.
1 ¿Qué idioma hablas/habla? 2 ¿Cómo se llama/ te llamas?, ¿quién eres? 3 ¿De dónde eres? 4 ¿Cuál es tu/su teléfono? 5 ¿Cuál es tu/su apellido? 6 ¿Cuál es tu/su nombre? 7 ¿Cuál es tu/su nacionalidad? 8 ¿Qué idiomas hablas/habla? 9 ¿En dónde está Lima? ¿en dónde trabajas? (hay diferentes preguntas psibles)

5.
1. ¿Quién es tu profesor de español? Respuesta libre 2. ¿De dónde son los Beatles? De Inglaterra 3. ¿Cómo se llama el cantante del grupo Café Tacuba? Se llama Rubén Albarrán 4. ¿Qué idiomas hablan en Canadá? En Canadá hablan inglés y francés 5. ¿Cuántos años tienen tus mejores amigos? Respuesta libre 6. ¿Cuál es tu primer nombre y tu primer apellido? Respuesta libre.

6.
1. nosotros 2. tú 3. ellos/ellas/ustedes 4. yo 5. nosotros 6. tú 7. él/ella/usted 8. tú 9. nosotros 10. ellos/ellas/ustedes 11. ellos/ellas/ustedes 12. él/ella/usted 13. Yo 14. él/ella/usted

7.
Respuesta libre

8.

	Antepenúltima sílaba	Penúltima sílaba	Última sílaba
	con	ver	**sar**
	pe	**li**	gro
		ú	til
		cru	**zar**
	man	**za**	na
		can	**ción**
	car	na	**val**
a	ve	**ni**	da
		jo	**sé**
		pa	**red**
		re	gla
		án	gel
	co	**lom**	bia

UNIDAD 3

1.

Costureras, policías, vendedora, peluquero, músicos.

2.

1. Enfermera, doctor, cirujano **2.** Actor, recepcionista, telonero. **3.** Cajero, supervisor, vigilante. **4.** Profesor, bibliotecóloga, director. **5.** Azafata, piloto, auxiliar. **6.** Secretaria, jefe, mensajero.

3.

¿Cómo te llamas?. ¿Marín es nombre o apellido?. ¿A qué te dedicas?. ¿En dónde trabajas?. Y tú. ¿Cómo te llamas?

4.

Eres ruso, eres periodista eres de Argentina. Trabaja en una escuela, trabaja en Argentina. Se llaman Juan y Lina. Vivo en Argentina, vivo en una escuela. Habla inglés y español, habla de Argentina/de una escuela/ de Juan y Lina. Estudia (en) inglés y español, estudia ruso.

5.

Yo hablo, usted habla, nosotros hablamos. Ella trabaja, tú trabajas, ustedes trabajan. Juan toma, nosotros tomamos, usted toma. Yo como, nosotros comemos, él come. Usted escribe, ustedes escriben, ella escribe.

7.

1. Son las siete y treinta de la mañana. **2.** Son las ocho de la mañana. **3.** Son las nueve y treinta de la mañana. **4.** Son las dos y quince/cuarto. **5.** Son las seis y veinticinco. **6.** Son las doce y doce. **7.** Son las diez y cinco. **8.** Son las dos menos cuarto / Es la una y cuarenta y cinco / Falta un cuarto para las dos. **9.** Son las once menos cinco/ Faltan cinco para las once / Son las diez y cincuenta y cinco.

9.

Lina desayuna a las siete de la mañana el lunes, miércoles, viernes y el sábado. Los martes y jueves toma clase de yoga a las seis de la mañana. El lunes y el jueves estudia español de ocho a diez de la mañana. El martes, viernes y sábado trabaja en la compañía de ocho de la mañana a una de la tarde y de dos a cinco de la tarde. El miércoles visita los clientes de ocho a tres de la tarde. El martes y el viernes come a las siete de la noche. El miércoles juega golf de cinco a siete de la noche. El jueves trabaja en la compañía de doce a cuatro de la tarde.

UNIDAD 4

1.

Verticales: 2. Las hijas de mi madre son mis hermanas **3.** El hijo de la esposa de mi cuñado es sobrino **5.** La esposa de mi hermano es la nuera de mi mamá **8.** El esposo de mi hija es mi yerno

Horizontales: 1. El padre de mi padre es mi abuelo **4.** La hija de mi hija es mi nieta **6.** Los padres de mi esposa son mis suegros **7.** los hijos de mis tíos son mis primos

2.

1. El abogado / los abogados 2. El yerno / los yernos 3. El país / los países 4. El agua/ las aguas 5. La nuera / las nueras 6. La ciudad / las ciudades 7. El apellido / los apellidos 8. La arquitecta / las arquitectas 9. El águila / las águilas 10. La profesora / las profesoras 11. El nombre/ los nombres 12. La torre / las torres 13. El teléfono / los teléfonos 14. El médico / los médicos 15. El hospital / los hospitales 16. El lápiz / los lápices 17. El esfero / los esferos 18. El cuaderno / los cuadernos 19. El libro / los libros 20. El problema / los problemas 21. La noche / las noches 22. El día / los días 23. La mano / las manos 24. La dirección / las direcciones

3.

1. la hermana de mi esposo se llama Sandra. 2. A las siete y media de la noche es la reunión. 3. Algunos días de la semana trabajo por ejemplo hoy es ø domingo y trabajo. 4. El francés es una lengua romance. 5. Hoy en la noche la luna está hermosa. 6. Todos los jueves juego póker con mis amigas. 7. Dormir es necesario para los niños. 8. El señor Domínguez llega a la compañía el próximo jueves. 9. ¿hoy es ø miércoles?

4.

1 ¿de quién son los zapatos de tacón? Los zapatos de tacón son de Susana 2 ¿de quién es el sombrero? El sombrero es de Teresa.

5.

1. ¿Qué es? Es una casa ¿Para qué sirve? Para vivir ahí 2. ¿Qué es? Es una camisa ¿Para qué sirve? Sirve para cubrirse 3. ¿Qué es? Es un maletín ¿Para qué sirve? Sirve para guardar ropa de viaje / libros /objetos personales 4. ¿Qué son? Son lápices ¿Para qué sirven? Sirven para escribir / dibujar 5. ¿Qué es? Es un pasaporte ¿Para qué sirve? Sirve para viajar por el mundo 6. ¿Qué es? Es una pelota ¿Para qué sirve? Para jugar futbol

6.

1. mostrar: fotos/un lugar 2. leer: libros/revistas/ periódicos 3. señalar: objetos/los parentescos/ personas 4. reconocer: personas 5. conformar: una familia/grupo 6. identificar: personas 7. decir: la verdad/mentiras 8. corregir: un error/una falta 9. observar: los cuadros/la imagen/paisaje 10. contestar: las preguntas 11. escribir: frases/cartas/correo electrónico 12. completar: los espacios/el cuadro/el formulario 13. hacer: la tarea/los ejercicios 14. construir: el árbol genealógico/ una casa/un edificio 15. describir: una familia/una pintura/un paisaje 16. escuchar: los diálogos/ una conversación/una canción 17. Celebrar: la navidad/el cumpleaños/el aniversario.

7.

1. ropa 2. barril 3. honra 4. cigarro 5. barriga 6. tortuga 7. alrededor 8. carro 9. Israel 10. arruga

8.

gafas, balón, los, hora, portugués

UNIDAD 5

1.

1. Blanco. 2. Viejo, mayor. 3. Grande. 4. Bajo. 5. Odioso, malo. 6. Gordo, robusto. 7. Pesimista. 8. Difícil. 9. Simpático. 10. Liso.

2.

1. Es muy simpático, interesante, inteligente y sobre todo paciente con ella. 2. Es algo malgeniado y un poco tacaño. 3. No sabemos / No se sabe. No dice. 4. Es lindo. Es bajo, delgado, tiene barba y bigote. Es blanco y crespo. Lleva gafas. 5. Novio de María, Daniel, Eddy.

3.

1. Lo contrario de gordo. FLACO. 2. No es bonita. FEA. 3. El pelo del novio de María. CRESPO. 4. No tiene pelo. CALVO. 5. De poca longitud. CORTO. 6. Fácil de peinar. LISO. 7. No es bueno.

MALO. **8.** No puede hablar. MUDO. **9.** Hermosa, bella. LINDA. **10.** Lo contrario de odioso. AMA-
BLE. **11.** Va en la cara arriba de los labios. BIGOTE. **12.** Tenemos dos y la nariz en medio. OJOS.
4.
1. mis / **2.** Mi / **3.** mi / **4.** Mi / **5.** Tu / **6.** tu / **7.** mi / **8.** nuestras / **9.** tu / **10.** nuestros / **11.** mi / **12.**
Mis / **13.** mi / **14.** tu / **15.** Tus

UNIDAD 6
1.
1. Pan **2.** Huevos **3.** Lápices **4.** Libros **5.** Café **6.** Platos de comida
2.
a. estas **b.** esas **c.** ese **d.** este **e.** ese f. este
3.
1. Sveta es de Rusia **2.** Sveta tiene 27 años **3.** Vive en Bogotá D.C. *4.* Café o chocolate, pan o arepa y queso **5.** Por la noche Sveta come una ensalada de frutas **6.** Pescado, pollo y cerdo **7.** Café,
chocolate, té y jugo de fruta natural
4.
1. b. **2.** a. **3.** c. **4.** b.
5.
1. empiezas **2.** pensamos **3.** quieren **4.** entiende **5.** prefiere **6.** miente **7.** sentimos **8.** despiertan **9.**
pierde **10.** defienden **11.** ascendemos
6.
e > ie: tener, perder, comenzar. e > i: medir, servir, pedir. **o> ue:** contar, dormir, jugar.

UNIDAD 7
1.
a. un bar; **b.** una panadería; **c.** un cementerio; **d.** centro comercial; **e.** una biblioteca; **f.** una plaza / un
supermercado/ una tienda de barrio; **g.** una farmacia / droguería; **h.** un bosque/ un parque.
2.
a. Si quieres ir a la peluquería giras a la derecha por la siguiente cuadra y luego volteas a la izquierda; **b.** Señor, por favor, cierra la puerta ¡despacio!; **c.** Tú, para ir al hospital caminas hacia
el norte tres calles y después giras a la izquierda y caminas otras tres calles.
3.
a. come tú; **b.** vuelva ud.; **c.** caminen uds.; **d.** voltea tú; **e.** duerme tú; **f.** hable ud.; **g.** escriban
uds. ; **h.** escucha tú; **i.** piense ud.
4.
Respuesta libre seguimiento profesor.
5.
1. Milena tiene tres hermanos.; **2.** En la oficina hay tres rusos.; **3.** En casa de mi abuela hay dos
árboles de manzana; **4.** La compañía de mi padre tiene muchos gastos.; **5.** ¿cuántas cuentas
bancarias tiene la empresa?; **6.** ¿Dónde hay un hospital infantil?; **7.** ¿Quién tiene perros en su
casa?; **8.** ¿En dónde tienes tu celular?; **9.** En la vida siempre hay muchas oportunidades para
aprender; *10.* Hay personas sencillas pero también hay personas complicadas.
6.
Ciudad: Asunción, Madrid, Tokio, Moscú, Quito, Brasilia, Caracas, Buenos aires **Profesión:**
doctor, ingeniero, cajero, mesero, cantante, artista **Vivienda:** cabaña, apartamento, casa **Lugar
de la ciudad:** Parque, banco, librería, iglesia, discoteca, hospital **País:** Colombia, Surinam, Esta-
dos Unidos, Inglaterra, Japón

7.

1. g, **2.** a, **3.** e, **4.** f, **5.** c, **6.** b, **7.** d.

UNIDAD 8

1.

1. Moderno: antiguo, viejo. **2.** Oscuro(a): claro, luminoso. **3.** Tranquilo: ruidoso **4.** Cómodo: incomodo **5.** Ancho: estrecho. **6.** Amplio: pequeño, chiquito. **7.** Interior: exterior **8.** Caro: barato **9.** Lujoso: modesto

2.

1. Sala-comedor: sofá, televisor, bifé, mesa, sillas, sillón **2.** Baño: lavamanos, sanitario, ducha **3.** Cocina: ollas, nevera, estufa, horno, loza, microondas **4.** Habitación: cama, mesita de noche, lámpara, armario, closet **5.** Estudio: escritorio, computador, teléfono, biblioteca

3.

1. Debajo de la cartuchera **2.** Entre la cartuchera y el borrador **3.** En la cartuchera **4.** Al lado de la cartuchera **5.** Sobre la cartuchera **6.** Detrás de la cartuchera.

4.

ESTUDIO	HABITACIÓN/ALCOBA/ CUARTO	SALA
Escritorio, biblioteca	Almohada, mesita de noche, cama, cobija, manta, cómoda, armario, closet	Sofá, televisor, sillón
COMEDOR	**COCINA**	**BAÑO**
Mesa, sillas, bifé	Platos, horno, tazas, lavaplatos, nevera, vasos, ollas, estufa, licuadora	Lavamanos, sanitario, inodoro, ducha

5.

1. CMP tiene *más* empleados que FUYITOMO. **2.** CMP paga *menos* que FUYITOMO. **3.** CMP tiene *menos días de* vacaciones al año que FUYITOMO. **4.** En FUYITOMO los empleados trabajan *menos* horas que en CMP. **5.** En CMP los empleados empiezan a trabajar *más temprano* que los de FUYITOMO. **6.** CMP es *tan* lejos *como* FUYITOMO del centro de la ciudad. **7.** CMP tiene *menos* sucursales que FUYITOMO

6.

1. Sarah vive en Bogotá. **2.** Vive en La Macarena. Es un barrio céntrico pero tranquilo como el Poblado en Medellín. **3.** El apartamento es lindo, un poco más amplio que el anterior. Tiene tres habitaciones, dos baños y un balcón con vista a las montañas. Está cerca de su trabajo. **4.** La ciudad es muy congestionada y ruidosa, la gente es simpática. Es Una ciudad llena de contrastes. **5.** Piensa que su trabajo es interesante, sus compañeros amables. Cree que no es tan complicado vivir en Bogotá como cree la gente. Sabe que es difícil encontrar algo perfecto. Para ella es importante aprovechar al máximo la oportunidad actual y no pensar en los defectos.

UNIDAD 9

1.

1. La plaza de Bolívar está en el centro histórico: Localización; **2.** Andrea es muy chistosa: Características de personalidad; **3.** Mis hijos están altos: condición física; **4.** Esas esferas son de cristal: Material; **5.** Lars y Enrique son delgados: características físicas; **6.** Los libros son de la universidad: Posesión; **7.** Ellos son todos de Dinamarca: nacionalidad; **8.** Simón es un entomólogo: profesión; **9.** Ella está melancólica, extraña mucho su país: condición emocional; **10.** Todas las graduaciones son en el auditorio: lugar de celebración de un evento.

2.

1. Luego de leer 5 horas continuas me duelen los ojos; **2.** Luego de caminar 8 horas en el bosque me duelen los pies; **3.** Luego de jugar 2 partidos de fútbol me duelen las piernas; **4.** Luego de escribir 10 postales me duele la mano; **5.** Luego de estudiar un día entero me duele la cabeza; **6.** Luego de comer 3 platos típicos me duele el estómago; **7.** Luego de hacer flexiones de pecho me duelen los brazos; **8.** Luego de cargar una maleta de 20 kilos me duele la espalda

3.

1. F; **2.** F; **3.** V; **4.** F; **5.** F; **6.** F

4.

Respuesta libre con atención a los verbos que tienen cambio de vocal *o* en *ue*

5.

Pediatra médico para niños. Cardiólogo especialista del corazón. Dermatólogo trata la piel. Optómetra especialista de la visión. Neurólogo trata los problemas del sistema nervioso. Urólogo trata las afecciones del sistema urinario.

UNIDAD 10

1.

LEVANTARSE: Me levanto, te levantas, se levanta, nos levantamos, se levantan. DUCHARSE: me ducho, te duchas, se duchan, nos duchamos, se duchan. SECARSE: me seco, te secas, se secan, nos secamos, se secan. PEINARSE: me peino, te peinas, se peina, nos peinamos, se peinan. AFEITARSE: me afeito, te afeitas, se afeita, nos afeitamos, se afeitan. DESAYUNARSE: me desayuno, te desayunas, se desayuna, nos desayunamos, se desayunan. ACOSTARSE: me acuesto, te acuestas, se acuesta, nos acostamos, se acuestan.

2.

1. e. **2.** f. **3.** a. **4.** b. **5.** d. **6.** c

3.

Todos los días me levanto temprano. Nunca *me acuesto* antes de las 10 p.m. Una vez a la semana *convenzo* a mi novio(a) de ir al gimnasio. De vez en cuando *consigo* ir solo. Siempre *almuerzo* en el restaurante de la empresa. De vez en cuando en la noche *regreso* a casa a pie, nunca *cojo* taxi.

4.

1. Son de Julio. **2.** Es de Lisa. **3.** No se sabe. 4. En el restaurante que está frente al hotel. **5.** En la habitación de Lisa.

5.

1. Lisa ¿este cuaderno es *tuyo*? – No, *el mío* es rojo. **2.** Profesor, ¿este morral es *suyo*? No, *el mío* es pequeño. **3.** Chicas, ¿los lápices son *suyos*?- No, los nuestros los tenemos en casa. **4.** Lisa ¿esos guantes son *tuyos*?- No, *los míos* son *de cuero*. **5.** Profesor, ¿estos libros *son suyos*?- No, *los míos están en el morral.* **6.** Chicas, ¿las arepas de maíz *son suyas*?- No, *las nuestras son de trigo*. **7.** Lisa, ¿este reloj de cuerda *es tuyo*? -No, *el mío es digital* . **8.** Profesor, su hijo está aquí. -No puede ser, *el mío está en el colegio.* **9.** ¿Chicas, ¿_____? – No, _____

_____.

7.

1. Porque está durmiendo. **2.** Porque está preparándose para conseguir un nuevo trabajo. **3.** Es un buen trabajo y está contento pero su jefe nunca está. **4.** Los hijos de Julia y Pedro están por

82 | Respuestas • Enlace 1 Libro de ejercicios

ingresar a la universidad y los de Juan aún están estudiando en el colegio. **5.** Julia es ama de casa, no está trabajando porque está aprendiendo el idioma.

9.

1. b/ **2.** e/ **3.** d/ **4.** a/ **5.** c

UNIDAD 11

1.

Me gusta, me encantan, adoro, nos gusta, preferimos, nos parece, no me gustan, prefiero, me interesan, me encanta, me aburre.

2.

1. Vamos a la Universidad porque nos interesan muchos los idiomas. **2.** Los niños van al parque porque les aburren las películas. **3.** Hago yoga porque me conviene para el estrés. **4.** Van al museo porque les encantan las exposiciones de Pablo Picasso. **5.** No quiero ver esa película porque detesto esos actores. **6.** Tienes un gato porque te fascinan los felinos.

3.

1. Sofía Rojas porque le gusta la forma de expresar lo que piensa, es segura, piensa que puede resolver problemas fácilmente. **2.** Juan Sánchez porque aunque es joven tiene experiencia internacional. Es tranquilo, muy amable y tiene una buena formación. **3.** Necesita experiencia **4.** Mirar por un lado las cosas positivas y por otro las negativas para poder comparar y ver qué tiene más peso en la decisión. **5.** No. Porque Lina y Emma tienen hambre y les duele la cabeza.

4.

María: ¿Te gusta leer? Alberto: *Sí, ¿y a ti?* Luis: *A mí no.*	María: ¿Te gusta el fútbol? Luis: *No me gusta, ¿y a ti?* María: *A mí tampoco*	Luis: ¿Te gustan las motos? Alberto: *Sí, ¿y a ti?* Luis: *A mí no*
María: ¿Te gustan las fiestas? Alberto: *Sí, ¿y a ti?* Luis: *A mí también.*		Luis: ¿Te gusta la tele? María: *No, ¿y a ti?* Luis: *A mí sí.*
Alberto: ¿Te gustan los museos? Luis: *No, ¿y a ti?* Alberto: *A mí tampoco*	María: Te gusta la música clásica? Alberto: *Sí, ¿y a ti?* Luis: *A mí no.*	Luis:¿Te gustan las fiestas? Alberto: *Sí, ¿y a ti?* Luis: *A mí también* María: *A mí no*

5.

1. el sol, Alicia y las palomas **2.** el vino tanto como las flores **3.** estar tirado siempre en la arena

UNIDAD 12

1.

Respuesta libre bajo supervisión de profesor.

2.

3, 9, 6, 13, 4, 2, 14, 7, 10, 15, 12, 5, 8, 1, 16, 11

3.

Respuesta libre bajo supervisión de profesor.

4.

1. Todos los días las veo; **2.** Aquí lo compramos tres veces por semana; **3.** Las vendo en el norte de la ciudad; **4.** Ángela las compra costosas; **5.** Estoy buscándola / La estoy buscando; **6.** Juan está acompañándolos / Juan los está acompañando; **7.** Los clientes están devolviéndolos a la empresa / Los clientes los están devolviendo a la empresa; **8.** La tía Julia está vistiéndola / La tía Julia la está vistiendo; **9.** Estoy buscándolo hace mucho tiempo / Lo estoy buscando hace mucho tiempo; **10.** Él las organiza

5.

a. En la empresa todos distribuimos las mercancías en la ciudad.; **b.** Los investigadores contribuyen al desarrollo del país.; **c.** El ladrón huye con el dinero del banco; **d.** A algunas plantas se les atribuyen propiedades medicinales; **e.** Los maestros de español instruyen en gramática a sus estudiantes.

6.

1. Camisa, la, la, blanca. **2.** Sombrero, lo, lo, negro. **3.** Moto, la, la, rápida. **4.** Libro, lo, lo, interesante. **5.** Llaves, las, las, nuevas. **6.** Calcetines, los, los, suaves. **7.** Gafas, las, las, bonitas. **8.** Tomates, los, los, frescos.

UNIDAD 13

3.

A las 7 de la mañana va al gimasio, después a las 8 am va a ir/irá a la clase de español.

A las 11 va a ir/irá a una reunión con el jefe por Skype para tratar temas relacionados del trabajo hasta las 12.

A la 1 va a ir a almorzar/ almorzará con sus compañeros hasta las 2 y a las 2 va a redactar y enviar un informe/redactará y enviará un informe.

A las 4 va a redactar el acta de la reunión/ redactará el acta de la reunión

A las 5 va a estar en el aeropuerto porque saldrá/va a salir para Lima a las 9 pm.

4.

-¿Alguien me llamó ayer? /-No nadie. /-¿Alguna persona vino a visitarme? /-Sí, alguien preguntó por ti pero no recuerdo quien./-Ayer no recibí ningún mail

5.

Compartirás (compartir). Te lanzarás (lanzarse). Acentuará (acentuar). Abrirán (abrir) Sentirás (sentir) Quitará (quitar). Tendrás (tener). Evitarás (evitar)

6.

a. incertidumbre **b.** probabilidad **c.** orden **d.** cortesía **e.** seguridad

UNIDAD 14

1.

a. Ellos, ustedes. caber **b.** nosotros, ser/ ir **c.** tú, hacer **d.** nosotros, decir **e.** yo, andar **f.** Él, ella, usted, estar **g.** Él, ella, usted, ver **h.** ellos ustedes **i.** tú, querer **j.** yo, saber **k.** ellos, ustedes, venir **l.** yo, traducir.

2.

b. Soy azafata, me llamo Juana y trabajo en una famosa aerolínea de Colombia. El lunes hice lo siguiente: Me levanté a las 5.00 de la mañana y me bañé rápidamente, 10 minutos después salí de la ducha, y me sequé. Luego me peiné mi cabello en una trenza y me maquillé, me apliqué perfume y me vestí con el uniforme. A las 5:20 tomé con prisa un desayuno: un café con leche, tostadas, un huevo frito y fruta.

Vivo en un sexto piso. Tomé mi sombrero rojo, mi maleta y bajé al primer piso para esperar al conductor que me lleva al aeropuerto. Allí me encontré con mis otras compañeras y compañeros de vuelo.

Nos preparamos para atender a los pasajeros que van a diferentes partes del país.

Regresé a Bogotá un poco cansada. Hablé con mi jefe, escribí el reporte del último vuelo y me preparé luego para regresar a casa.

En mi casa vivo con mi amiga Catalina, que también es azafata. Catalina y yo / Nosotras, a las 4 de la tarde, fuimos al supermercado a comprar las cosas que necesitamos para la semana. Regresamos a casa, ordenamos las compras y nuevamente salimos para ir a reunirnos con nuestras otras dos amigas, a quienes no vemos desde hace mucho tiempo. Las cuatro fuimos a un restaurante de comida tradicional. Allí todas compartimos un buen momento, acompañadas de unos ricos platos y un buen vino. Hablamos de nuestra experiencia profesional y de nuestras vidas. Ahora que yo supe más de mis amigas, me siento feliz por saber que todas estuvieron bien. Después de la reunión, Cata y yo nos despedimos de nuestras amigas y regresamos a nuestra casa contentas. Cuando llegamos, bajo la puerta hubo una notificación que nos informó a Cata y a mí que al día siguiente no tenemos vuelos programados. ¡No hubo duda de que las dos terminamos nuestro día de manera excepcional!

c. a. se levantó a las 5:00 a.m. **b.** Ella se bañó rápidamente. **c.** Se secó. **d.** Peinó su pelo largo en una trenza. **e.** Se vistió con su uniforme. **f.** Tomó con prisa el desayuno. **g.** Regresó cansada a Bogotá. **h.** Juana y Catalina fueron al supermercado. **i.** Todas compartieron un buen momento. **j.** Al dia siguiente no tuvieron vuelos programados.

3.

Verbo	Yo	nosotros	Ellos / ustedes
pagar	pagué	pagamos	pagaron
tocar	toqué	tocamos	tocaron
tranquilizar	tranquilicé	tranquilizamos	tranquilizaron
practicar	practiqué	practicamos	practicaron
negar	negué	negamos	negaron
cruzar	crucé	cruzamos	cruzaron
explicar	expliqué	explicamos	explicaron
castigar	castigué	castigamos	castigaron
abrazar	abracé	abrazamos	abrazaron
apagar	apagué	apagamos	apagaron
empezar	empecé	empezamos	empezaron

4.

Respuestas pueden libres y variadas

Editado por el Departamento de Publicaciones
de la Universidad Externado de Colombia
en diciembre de 2015

Se compuso en caracteres Palatino Linotype 12 puntos
y se imprimió sobre Holmen Book Cream de 60 gramos
Bogotá - Colombia

Post tenebras spero lucem